S I N C E R E

Kazuma Kawamura

信じた道を一途に歩き続ける。
いつどんな時も裏表のない人間でいる。
僕が大切にしているのは、そういうことだ。
すべての人がそうであればいいとも思っている。
ＬＡの高く広がる空の下で、制限なく解放されていく心を感じながら、
どうすればこんな自分を伝えられるだろうと考えた。
ありのままの僕を見せること。思いのすべてを言葉にすること。
答えはとてもシンプルだった。
余計な飾りなんていらない。必要なのはすべてに対して誠実《sincere》であること。

Contents

HORROR

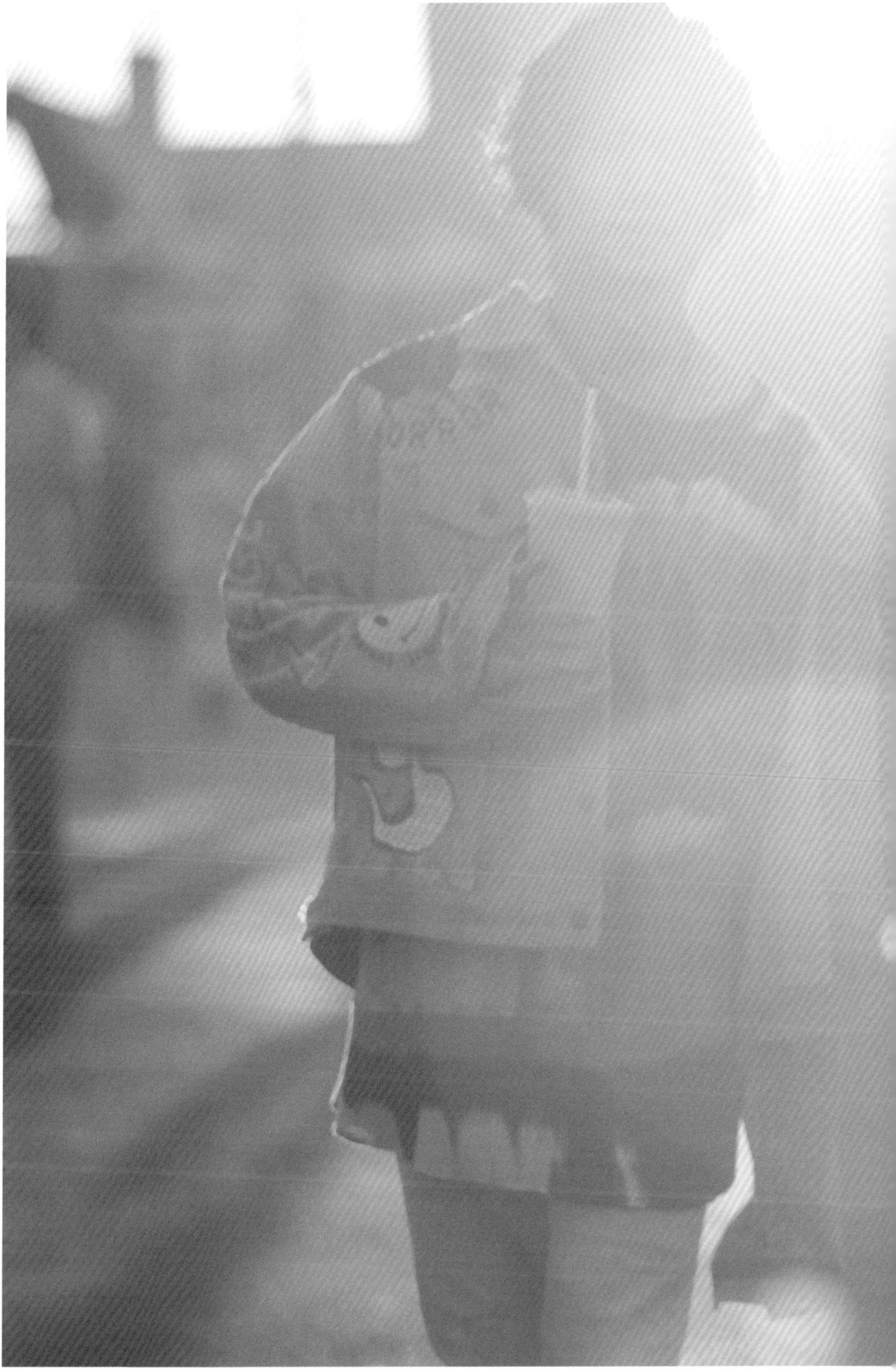

Push

VENICE BEACH,CA

オモチャ売り場で

「壱馬《かずま》」という名前は両親が付けてくれた。

僕はこの名前をめちゃくちゃ気に入っている。自分の名前はこれしかなかったというくらいしっくりきている。いや、最高だとさえ思っている。

カズマという読みの名前は珍しいものではないだろう。僕の周りにもいる。でも「壱馬」という漢字を当てている人はただの一人も知らない。

僕のために用意されたオリジナル感がたまらない。まさに俺のものだって言い切れる。

こんな素晴らしい名前を付けてくれた両親には感謝してるけど、名前に込められた意味についてはあんまり詳しく聞いていない。というか、意味を求めて決まったわけではなくて、かなりインスピレーションに依《よ》るところが大きかったようなのだ。

「馬」という漢字を使って、○○マになることは早い段階から決まっていたそうだ。タクマ、リョウマ、ユウマなど、「馬」がついてしっくりする名前を片っ端から言い合っていた両親は、ついにカズマに辿《たど》り着く。

母はその時、「これっ！」となったそうだ。

「もうそこに、あんたがおる気がしたんよ〜」

カズマと決まってからは、どんな漢字を当てるべきか考えてくれたわけだが、両親にはありきたりの字にはしたくないという強い思いがあった。

そこで選ばれたのが漢数字の「一」の大字《だいじ》である「壱」。このあたりは僕も全然詳しくないのだけど、「壱」は主にお金絡みの公的な書類などで、数字の改ざんを防ぐために用いられるそう。

ありきたりの字にしたくないという両親の気持ちがあって決まった「壱馬」という名前だからこそ、僕もまた自分のためにあつらえられた、オリジナルなものとして受け取っている。

この名前が与えてくれたものはものすごく大きい。

誰のものでもない、自分だけの一本の道をまっすぐに、ひたむきに歩いていきたい。

どんなことにも惑わされずに、自分が信じている一つのことを貫いていきたい。

そういう思いが僕の生き方の根幹にはある。「壱」という漢字がそれをさらに強く、確かなものにしてくれている気がする。

そんな僕が、幼い頃からすでに「壱馬」だったということをよく表しているエピソードを一つ。

母に連れられて地元・大阪の百貨店にやってきた僕はまだ二、三歳。子どもならみんなそうであるように、興味があるのはオモチャ売り場。

気になるオモチャの車を見つけて、夢中になって見つめている。母が「行くで～」と声をかけるが、僕はまったくそこを動こうとしない。

普通なら「行くよ」に対して、「嫌だ」と言い返して、そこから親子間の攻防が始まるだろう。最終的には「嫌だよー」とか「買って、買ってー！」と泣きわめいたまま、引きずられていくというパターン。

でも僕は「嫌だ」とすら言わずに、目の前の車に興味津々でずっと遊んでいた。母が何度「行くで」と声をかけても、脇目もふらずにじっと。

「ほんならあんた、ずっとそこにおり～」

呆《あき》れた母は攻め方を変えてそんな言葉を放ち、売り場を離れようとした。

ここでも普通なら「待ってママ！」とか「行かないで！」となるところだが、二、三歳の僕は違った。そんなことを言われてもまったく知らん顔で、何の反応も見せず本当にずっとそこにいて、一歩も動かなかったのだ。

しまいには母が根負けせざるを得なかった。

この時を振り返って、母は笑う。

「あんたは、ほんま昔からそうやった」

誰に何を言われても自分を曲げずに、自分の意思を貫こうとする人間だったということだ。

オモチャ売り場の僕は、なかなかやっかいな子どもだったわけだけど、基本的には親に迷惑をかけない子だったらしい。ギャーギャーと泣きわめいたりすることは滅多になく、落ち着いていて手がかからない、ある意味で子どもらしくなかったと。

さらに遡《さかのぼ》って、ベビーカーに乗せられていた一歳くらいのこと。僕には僕なりの〝乗り方〟があったんだそう。

シートにふんぞり返るように座って、フロントガードというか、あの柵のような部分に両足を乗っけていたらしい。

偉そうというか、生意気というか、そういうところもすでに僕だ。

「登場しろ！」

みんなそうなのかもしれないが、自分が両親のどっちに似ているのかと考えることは普段ほとんどない。大抵は人から指摘されて、そうなのかなあと思うくらいで。
昨年、映画絡みのイベントに出演した時、お世話になっているスタッフさんに楽屋でこう言われた。
「壱馬のお母さん、一目見てすぐに分かったよ」
その日は母を関係者として招いていた。だから来ていることは知っていたのだけど、スタッフさんにはまだ紹介していなかったのに。
「え、そんなに似てる？」
結構驚いた。一目見て分かるくらい似ているとは考えたこともなかった。
そんなことがあった今も、母と僕が顔とか見た目の点で、すごく似ているとは思えていない。まあ確かに僕には母の面影があるのかなという程度。似ていることを認めたくないわけではないのだけど、ちょっと照れくさいのかもしれない。
ただ性格に関して言えば、確かに似ていると言わざるを得ない。
一番は考え方やものの言い方が、ストレートではっきりとしているところ。思ったことはそのまきちんと言わないと気が済まない。
そんな二人の間で何か意見の食い違いがあると、話し合いは何時間にも亘って続くことになる。お互いが自分の思うことをまっすぐにぶつける。早く終わらせたいという思いで折れたり、無理に納得したりはしない。
でも不思議なことにこの話し合い、決裂して終わることはない。
時には夜に話し始めてもうすぐ朝という時間まで長引くことになるが、最後にはお互い何の話をしていたのか忘れてしまい、笑い合ってお開きとなるのだ。
母がどんな存在なのかを誰かに説明する時は、仲のいい友達みたいだと言うことが多い。
母はいろんな意味で制限がない、固定観念に縛られない人。たとえば自分の年齢が何歳だからなどという理由で、何かを避けたり諦めたりすることはない。
今は東京で一緒に住んでいるので、昔の大阪の友達やメンバー、俳優の方が来た時は一緒に遊ぶことも普通にある。
母はいつも明るくて、気高い人。さらに言うと常に盛り上がっている。パリピみたいな感じとはもちろん違って、どんなことも楽しいと感じるタイプ。だから周りにいる人も自然と楽しくなり、その場の空間も明るくなる。僕の友人たちも普通に一緒にワイワイやっている。たまに盛り上がりすぎだよ、と感じることはあるけれど。
そして母はいつもこの先の人生に夢を持って、夢に向かって努力している人だ。そういうところが僕は好きだし、応援したいと思っている。
僕が歌やお芝居の仕事に出会うまではずっと、母が僕を応援してくれていた。応援のおかげで今があるのは間違いない。
「あんたを成功させるってことに一切妥協はなかった」
母は今もたまにこんなことを言う。
この言葉は本当で、僕が何かをやりたいと言い出した時、それが将来のためになると思ったことは何でもやらせてくれた。
歌の道に進みたいと言った時も、一切反対することなく、頑張れと励ましてくれた。
「全力でやったら絶対いけるから」
オーディションの前にはそう励ましてくれた。その通りにやったら、結果が付いてきた。
母の励ましの言葉にはいくつかのバリエーションがある。
「今の一〇〇%やれ」や「大胆に行け」は本当に何度も聞いた言葉だ。これは空手の試合の前なんかにもよく言われたもの。
この二つは今や、僕の物事に対する基本スタンスとなるほど、心の奥の部分に染み付いている。
人前に出る仕事をするようになってからよく言われるのは、「登場しろ」だ。
ここで言う「登場」とは、臆《おく》さず、且《か》つ意識が内に向いていたり、こもった状態ではなく、外へ向いている状態。もう少し説明すると、在りのまま、在るがまま堂々としていること、から始まる。
ライブやテレビ出演の前に母と話すと、必ず「登場しろ」と励まされる。
具体的に何をすればいいのかを言葉にするのは難しいのだけど、魂みたいなものを全部晒《さら》すような気持ちで舞台へ上がっていけということだと、僕は解釈し、実践しようとしている。
母親は若い頃、自分も歌手になりたくていろんなオーディションを受けていたらしい。合格したもののその道に進むことはなかったが、その時の経験もあって、「登場」することの重要さを教えてくれているのかもしれない。
今は芸能とはまったく違うところに自分の夢を持って頑張っている母は、僕からすると普段の生活の中で、ある意味「登場」している感じがある。だからこそ時々、うるさいなと思ってしまうこともあるけど、そんな母を僕は心から信頼している。

ロック親父がくれたもの

父は建築関係の会社を経営していた。小さな会社ではあるものの、社長だった。

幼い頃の僕は、社長が一体何をする人なのか全然分からないながらも、父は偉い人なんだと思い込んでいた。

とはいえ父の見た目は、まるで社長っぽくなかった。どんな感じか説明するならば、めちゃくちゃロックな感じの親父。ロックすぎて年齢がよく分からないというか、ずっと青年みたいな人。

父の年齢については、かなり個人的な話になるけど、こんな面白いエピソードがある。

あれは確か僕が小学校低学年のこと。両親と僕は家の近くでご飯を食べていた。その時、なぜか気になって父にこう尋ねたのだ。

「お父さんって何歳なん？」

父は怪訝《けげん》な顔を浮かべながら答えた。

「四十八やで」

僕はその答えに心の底からビックリした。

「マジで！　そんないってんの⁉」

親の歳を聞いて「マジで！」と言うのは珍しいだろうが、僕は三十歳は超えているだろうくらいにしか思っていなかったのだ。まさか四十代後半だったなんて……。あの時の驚きは今も鮮明に覚えている。「すごいだろう」と言い出さんばかりの、父のドヤ顔とともに。

僕が幼かったということはあるにしても、父は息子にそんな勘違いをさせてしまうほど、若々しく見えるロックな人だったのだ。
なぜロックなのかには理由がある。
父は高校生の時からロックにのめり込み、バンドを組んで、ドラムを叩いていた。一時はプロのミュージシャンを目指していたのだそうだ。
音楽ではなく建築の道に進んでからも、ロック好きはずっと変わることがなかった。だから僕の家にはいつも八〇～九〇年代の欧米のロックが流れていた。
「壱馬、これめっちゃかっこええやろ」
そんな感じで知らない音楽を聞かされることもあったし、とあるバンドの伝説と言われるライブビデオを繰り返し見させられたりもした。
そのすべてが理解できたわけではないし、自分でさらに深掘りしていくというふうにもならなかったけれど、僕は父が教えてくれたロックによって、音楽を聴く耳を養うことができたと思っている。どんな音楽がいい音楽なのかを判断する、一つの基準みたいなものを得ることができた。
今では六十代に突入している父、相変わらずロックな見た目は保ち続けている。とはいえ人間としてはだいぶ柔らかくなっているような気もする。
昔は口数が少なくて、行動で示すというタイプだったけれど、最近ではしょうもない冗談ばっかり言うオジサンという部分が強くなってきているのだ。
僕と母はそんなしょうもないオジサンが出てくると、二人でいじり倒すようにしていたのだが、この間それをやり過ぎたら、ちょっとしょげてしまって慌てた。
次にあのロック親父に会う時は優しくしてあげないと。

「兄貴」のこと

一人っ子ということが寂しいと思ったことは一度もない。

なぜだろうと考えてみると、両親にたっぷりと愛情を注いでもらってきたということがまず考えられるけど、その他に、本当の兄弟同然という感じで、ずっと仲良くしてきた一歳上の友達が一人いたからだ。

小学生の時に通い始めた空手教室で出会った彼とは、なぜだかすぐに仲良くなった。僕は彼を自然と「兄貴」と呼ぶようになり、中学からは学校が同じになったこともあって、一緒に過ごす時間はさらに多くなった。

お互いちょっとやんちゃな方に走った時期も重なっていて、まさに一緒に育ってきたという感覚。出会ってからずっと、兄貴は僕にとって兄貴のままなのだ。

兄貴は基本的にいつも優しくて柔らかい人間。僕はなんでもストレートに口にするし、生意気だと誤解されがちな方なので、キャラクターとしては全然違う。

いくら仲がいいといっても子ども同士のこと、ケンカくらいしただろうと思われるかもしれないが、実のところ今に至るまで一度もケンカをしたことがない。それくらい僕らは馬が合うというか、お互いのことを信頼しているというか、それこそ魂のレベルで深く結びついているんじゃないかとしか説明ができないような間柄なのだ。

「お前と俺、男女やったら絶対結婚するんやろうな」

笑いながらそんな話をしたこともある。

確かに一緒にいてあんなに安心できて、気を遣わなくて、理解し合える相手はそういないはずなので、奥さんにするには完璧だ。どっちが奥さん役かは別として。

僕が東京に出てきて今の仕事を始めたこともあり、兄貴と会う機会は減ってしまった。でも僕らの関係は何も変わることがない。お正月などの休みに大阪に帰った時には、必ず兄貴も含めた友人数人と集まることになっている。

僕が最近あった面白いことや悩んでいることなんかを報告すると、兄貴はよくこんなふうに言ってくる。

「お前はほんま変わらへんなあ」

「ほんまっ昔っからや」

ちょっといじりも入っているそんな言葉を聞くと、僕は自分でも驚くくらい安心するのだ。

LDHに所属し、THE RAMPAGEのメンバーになったことで、僕には変わらざるを得ない部分があった。パフォーマンスのために身体《からだ》に気も遣えば、見られることを意識して身だしなみにもより気を配るようになった。仕事絡みでお付き合いさせて頂く方たちの影響を受けて、立ち振る舞いや言葉遣いにも気を付けるようになった。

「変わったなあ」

そういう僕を見て、かつて仲良くしていた友人の何人かにはそう言われた。

そう言われてしまうと僕は、彼らになんの悪意がないことを理解しつつも、ちょっと悲しい気持ちになってしまうのだ。

俺の本質的な部分はなんにも変わってないのに。お前が見ていた俺は表面だけだったんじゃないか。

そんなふうに思ってしまうのだ。
だからこそ兄貴の「変わらへんな」には救われる思いがするし、この人とは一生付き合っていきたいと改めて思えるのだった。
もし僕に何か不幸なことが起きて、今の仕事を失って、お金や住む場所も全部無くなってしまったとしても、兄貴は兄貴として変わらずそばにいてくれて、僕を助けるためにできる限りのことをしてくれるだろう。僕もまた逆に兄貴がそうなったら、なんでもしたいと思っている。
そういう相手に出会えたというのは、人生においてかけがえのないことだ。

黒帯までは

小学校一年の時だった。
どこかに出かけた帰り道に、近所の空手道場の前をたまたま通りかかった。そこには幼稚園で一緒だった友達が通っていることを知っていたので、ちょっと覗いてみようかとなった。
空手がどんなものなのかよく分かっていなかったはずだけど、練習している子たちを見て思ったのだ。なんか面白そう。
そして僕は自分も空手をやりたいと両親に頼んで、道場に通うことになった。
そこから高校までの十一年間、僕は空手を続けた。途中、ちょっとやんちゃな方向に行ってしまってブランクもあるにはあったけど、オーディションで忙しくなる直前までずっと空手は僕の傍にあった。これまでの人生の中で、最も長く続いたものということになる。
今から思い返すと、どうしてそんなに続けられたのか、自分でも不思議。面白そうと思って始めたことだけど、稽古自体はめちゃくちゃキツかった。それこそ母に「もうやめたい」と訴えたこともあった。
「じゃあ、分かった。ほんなら今から、先生にやめるって言うておいでー」
僕の性格をよく分かっている母はわざとこんなふうに言ってきた。僕の意地みたいなものが発動するのを知っているのだ。
そらズルいわ、そんなんもう行くしかないやん。
僕は道場に通い続けた。

やめたいと思ったことがあったとはいえ、空手というものが自分に合っていたのもまた事実だ。ちょっと自慢話になってしまうけど、僕は大阪の大会で優勝したことがある。つまり結構強かった。

個人的に、もう一つなかなかと思っていることがある。小学生の時、たまたま学年が一つ上の道場生が怪我をして試合に出られなくなり、代わりに僕が出ることになった。学年毎のトーナメントに年下の僕が参戦するということ。

小学生の一学年の差はかなり大きい。体格も力も全然違う。そんな中で誰も僕が勝てるとは思っていなかったかもしれないが、自分としてはやってやるぞと意気込んでいた。

そして結果は見事、三位入賞。もらった賞状には、もともと出るはずだった人の名前が書いてあったけれど。

十一年間の空手を通して、肉体的な強さを得られたことが人間的な自信に繋《つな》がっている部分はあるのかもしれない。でもそれより大きいのは、どんなに練習がキツくても黒帯を取るまでやめなかった、ずっと続けられたということ。精神的な強さを得られたこと。

空手を始めたばかりの頃、僕は道場の人たちを見て思ったのだ。

あの人たちが巻いている黒帯が欲しい。絶対に黒帯を取ろう。

幼い頃に決めた目標を達成できたという経験が、一つのことを貫き通すという僕の信念を補強してくれている気がする。

エースになりたい

小学生の頃は野球選手になりたかった。
一番最初に触ったボールはサッカーボールで、物心が付くかという頃に近所の公園で子ども用のボールを蹴りながら、楽しいな、サッカーやりたいなあと思った記憶がある。
でもいつの間にかサッカーよりも野球という子どもに変わっていたのは、間違いなく父の影響。父とキャッチボールを始めて、野球の面白さに目覚めていったからだ。
父は中学生までかなり真剣に野球をやっていて、自分は将来、絶対にプロ野球選手になると信じていたそうだ。
自分が叶えられなかった夢を息子に託す、と思っていたわけではないだろうけど、幼い僕は父との時間を通してすごく自然に、野球選手になりたいと思うようになっていた。
それでも小学生になった僕がどこかの野球チームに入ることはなかった。大阪は全国的に見ても野球が盛んな街で、リトルリーグに入っている同級生も珍しくなかったのだけれど。
じゃあ僕がどこで野球をしていたかというと、近所の公園で仲間たちと遊びとして試合をすることはありつつも、大体はたったひとりで投げ込みをしていたのだ。
ブロックの壁に描いた的を目掛けて、全力投球。大きく振りかぶって、できるだけ身体全体を使って、少しでも速い球を投げる。返ってきたボールを受け取って、ピッチャープレートに戻り、呼吸を整えてはまた大きく振りかぶる。
朝にグローブとボールだけを持って公園に出かけて行って、壁の前で何時間も、汗だくになりながらひとりで投げ込む日もあった。
心の中にあったのは、もっと速いボールを投げたい、すごいピッチャーになりたいという思いだけ。そうなれると信じて疑わなかった。
リトルリーグに入って、早いうちから野球の基礎を学んでおいた方がよかったのかもしれない。でも当時の僕には、なぜかそんな発想がなかった。ひとりで投げ込むのは寂しくなんてなかったし、むしろ最高に楽しい時間だった。エースピッチャーとしてプロのマウンドに立ち、豪速球で三振を取るイメージの中の自分は、ものすごくかっこよかったのだ。
中学入学と同時に、そろそろ本格的に野球をやろうと決意して野球部に入った。
しかし入部早々、現実の壁にぶち当たった。野球は団体競技、チーム戦。僕はその時、チームというものとうまく向き合うことができなかったのだ。
実戦経験はないもののピッチャーとしての自分には、ずっと投げ込みをしていた分だけ自信を持っていた。でも一年生の入部したばかりで野球経験ほとんどゼロの僕が、いきなり試合で起用されることはなかった。ちゃんとした試合自体したことがないから当たり前なんだけれど。
自分の実力を勘違いしていた僕は、あの時正直こう思っていた。
俺の方が速いのに。俺が投げた方がいいのに。
心の声は多分、態度にも表れてしまっていたと思う。
練習自体、つまり野球をすることは楽しかった。広いグラウンドで投げたり打ったりするのは気持ちよくて、壁を相手に投げ込みするのとは違う充実感があった。
でも野球という団体スポーツには、団体ならではの難しいことがたくさんあった。守らなくてはならない決まりもあるし、みんなと仲良くしなくてはいけない。他の人は苦もなくできることかもしれないけれど、僕には難しかったのだ。
やがて僕は練習に行かなくなり、ついには退部することになった。
あれから十年経った今になって分かることがある。壁を相手に投げ込みをしていた頃は、野球をやりたかったというよりは、ピッチャーをやりたかったのだ。もっとはっきり言うのであれば、エースになりたかった。
振り返ってみれば好きだったプロ野球選手も、当時楽天にいた岩隈《いわくま》選手、ソフトバンクの杉内《すぎうち》選手、阪神の能見《のうみ》選手とすべて球界を代表するエースピッチャー。彼らに憧れてピッチャーを目指していたのだから、仕方ないといえば仕方ない。
プロのマウンドに立つという夢に限って言うと、この世界に入ったことで思わぬ形で実現することになった。ヤクルト・中日戦の神宮球場で始球式をさせてもらったのだ。
スタンドの歓声を浴びながら、柔らかいグラウンドの土を踏んでマウンドに登った時、なんとも言えない感慨が押し寄せてきた。できるだけこの瞬間を楽しもうと、イメージの中のエースピッチャーになり切って、大きく振りかぶり、力一杯速い球を放った。
その日は大阪から両親も来ていて、晴れ舞台を観てもらうことができた。
「いやあ、感動したな」
これは自身もプロ野球を目指した父の言葉。
野球のルールをほとんど知らない母はこんな感じだった。
「なんか分からへんけど、すごいな」
僕自身も、あっさりと諦めてしまった一つの夢が違う形で報われた気がして嬉しかった。
エースピッチャーには一度もなれなかった。でも今僕はＴＨＥ ＲＡＭＰＡＧＥというグループのセンターとして、歌ったり踊ったりしている。ある意味でエースの役割を担っている、と思う。僕のエースになりたいという思いは、力を発揮できる場所を見つけて、ますます大きく育ってきているのかもしれない。

今の僕には信頼できる、大好きな仲間たちがいる。チームプレイが得意になったわけではないけれど、それは誰とチームを組むかによって大きく違う。

EXILEになるから

八〇〜九〇年代のロックが流れている家に育った僕は、同世代の友達がすすめてくれる邦楽にあまり興味を持てなかった。

中には何度か聞いてカラオケで歌えるようになった曲もあったし、いい歌だなあと思えるものもあったけど、自分の意識がその世界に瞬時に持っていかれてしまうようなもの、この人たちの別の歌も全部聴いてみたいというくらいハマるものには出会っていなかった。

しかし中学三年のある日、突然、出会いが訪れた。出会いは強烈だった。

EXILEさんのことは知っていた。すでに大ヒット曲をいくつも出されていたので、テレビや街中で耳にする機会はあった。でもそういう距離感の中では、特別に何かを思うことはなかった。

きっかけは友達が貸してくれたアルバム『願いの塔』だ。iPodに取り込んだそのアルバムを聴いた時、驚きと衝撃が同時に訪れた。

なんだこれは？

特に僕が反応したのはATSUSHIさんとTAKAHIROさんの歌声だった。あのクリアで伸びやかな声が心にぶっ刺さった。なんてかっこいいんだ……、一瞬で虜《とりこ》になってしまった。

その時、僕の中で一つの決意が生まれた。

絶対にEXILEになる。EXILEになって歌を歌う。

その日から僕は、家族や友達に「EXILEになるから」と言いまくった。冗談なんてつもりは一ミリもなく、本気だった。「なりたい」という願望ではなく、「なるから」という宣言。

実は似たような宣言をその何年か前にもしていた。映画『クローズZERO』を観て、あまりのかっこよさに痺《しび》れまくった僕は、「『クローズ』に出るから」と公言していたのだ。

その時ももちろん本気だった。でもEXILEさんの方が、より自分本来の道筋に近いというか、僕の絶対的な居場所になるという確信があった。根拠なんか一つもないけれど、僕にはどうあっても変えることのない唯一の未来と思えるほど、そこにいる自分をリアルに想像することができたのだ。

それまで特別に歌が上手《うま》いと思っていたわけではない。カラオケでは友達から褒められることもあったが、当時は高いキーが出なかったこともあって、それほど上手いとは考えていなかった。幼い頃から洋楽を聴いてきたから、人よりも音感はいいのかなと思っていたくらいだった。

それなのにいきなり「EXILEになる」と言い出したのだから、変に思った人もいただろうか。

「そんなのは無理だよ」という声は不思議と聞こえてこなかった気がする。

僕のことをよく分かっている母は、こう言ってくれた。

「あんたがそう言うなら、そうなんやろう」

EXILEさんの歌を次々と聴き込んでいった僕は、どんどん彼らのことが大好きになっていった。ただかっこいいとか、いい歌だということではなく、魂のレベルで共鳴するような感覚も抱くようになっていた。だから自分にあれほど刺さったのかと妙に納得する部分もあった。それとともに自分が彼らと同じ舞台に立つという確信を深めていった。

中学三年の後半を迎えて進路のことを考える必要に迫られた。本格的に歌の勉強をしたいと思った僕は、自分でそういう学校がないか調べたところ、大阪に音楽の専門学校があると知った。そこでは歌のレッスンもしてくれるらしい。

よし、そこに入ろうと思ったのだけど、大きな問題があることが分かった。応募資格のところをよく見たら、高卒の資格がないと入れないと書いてあったのだ。

えっ？　あと三年も待てってこと⁉

正直ちょっと落ち込んだ。それでもまだ十五歳だった僕は、とにかく高校さえ出てしまえば音楽の道に進めるんだと思い直して、自分の学力でも無理なく入れる学校を受験することにした。歌以外には興味を失っていたから、勉強を頑張ろうという気持ちはまったくなかったのだ。

そして高校生になっても、僕の決意はまったく揺らぐことはなかった。

絶対にＥＸＩＬＥになる。ＥＸＩＬＥになって歌を歌う。

もはやその思いは、そうなるに違いないという予感となっていた。

願えば叶う　～その1～

人生は思い通りにいかないと世間一般ではよく言われる。確かにコントロールできない部分が大きいのは分かる。だからこそ人生は面白いのだというのも。

でも、その上で僕はこう思っている。

願えば叶う。

強く願い、本当にそうなると信じていれば、願いは叶うのだ。なぜそう思うのかについて言いたいことはたくさんあるけど、暑苦しくなるので今は止めておこう。その代わりに僕バージョンの「願えば叶う」という話をしたい。

まだ高校というものにやっと慣れてきたくらいのある日、授業の中でアンケートが行われた。そこにはスポーツとか美術とかいろんな項目が書かれていて、自分が興味のある分野にチェックしましょうというもので、その中の一つに音楽があった。

「ＥＸＩＬＥになる」と信じていた僕は、迷わず音楽をチェック。その後、アンケート結果をもとに班分けがされて、音楽班に入った僕らは大阪のとある音楽の専門学校のオープンキャンパスに参加することになった。課外授業ということ。

おお、こういうところがあるんだなあ、高校を卒業したらここに入るのもいいなあ。

学内を見て回りながら、そんなことを考えていた。高校を卒業しないと専門学校には入れないと知っていたから、数年先の未来をイメージしていたわけだ。

ところがその日、意外なことを知ることになった。

専門学校と同じ校舎内に、高等専修学校というものが存在するというのだ。
初めて耳にした高等専修学校。これは専門技術を学び、卒業と同時に高卒と同等の資格がもらえるという学校なのだそう。
高卒と同等の資格がもらえるということは……。思わず学校の人に尋ねていた。
「高校生でも入れるってことですか？」
「今は別の高校に入っているから無理ですけど」
「じゃあ今の高校をやめたら入れるんですか？」
「そういうことになりますね」
その瞬間、もう今すぐここに入るしかないと決意した。
その日から数日かけて母を大説得することに成功した僕は、来《きた》るべき編入のためにアルバイトを始めた。少しでも学費の足しになるように。それくらい真剣だった。
そして翌年の四月、普通高校から高等専修学校に編入。高校一年を二回やることになったが、夢に近づいたと思えばどうということはない。
新しい学校でいよいよ音楽の勉強が始まると思っていた矢先、また予期せぬことが起こった。
学校にはＥＸＩＬＥさんの所属事務所であるＬＤＨのゼミがあり、そこにＥＸＰＧ（ＥＸＩＬＥ ＰＲＯＦＥＳＳＩＯＮＡＬ ＧＹＭ）の関係者が来ていた。僕はその方に声をかけてもらったのだ。スカウトされたということ。
まだ編入して二、三カ月しか経っていないタイミングで、歌のレッスンなんかはほとんど始まってもいなかった。ＥＸＰＧの方は、僕がパソコンの授業を受けている様子を見て、声をかけようと思ってくれたそうだ。不思議といえば不思議な話。

ＥＸＰＧの方に言われるままに、歌っているところを映像に撮ってもらったりした。今思えば、それがオーディションのようなものだったのだろう。その後、何度かの面談もあって、僕はＥＸＰＧの特待生という扱いになった。

喜んでいる間もなく、さらに驚くべきことが起こる。

その年の秋から、「ＥＸＩＬＥ Presents ＶＯＣＡＬ ＢＡＴＴＬＥ ＡＵＤＩＴＩＯＮ」が開催されると知らされた。憧れのＴＡＫＡＨＩＲＯさんも輩出したあのオーディションが、男性を対象にするものとしては、三年ぶりに開催されることになったのだ。

ＥＸＰＧの特待生である僕は、それに参加することに。

「ＥＸＩＬＥになるから」宣言をしてから、まだ一年ちょっとしか経っていないのに、この急展開はなんなんだ！

僕は夢にどんどん近づいていると実感していた。いや正確には、願いが叶う時がやってくるという高揚感に包まれていた。

ＶＯＣＡＬ ＢＡＴＴＬＥ ＡＵＤＩＴＩＯＮはとんでもない倍率なのだとは分かっていたけれど、自分が合格すると信じていた。

根拠は一つだけだ。

なぜなら僕は「ＥＸＩＬＥになる」のだから。

願えば叶う　～その2～

なんなんだ、このレベルの高さは！　どんだけ歌上手いんだよ！

「ＥＸＩＬＥになる」という確信とともに臨んだVOCAL BATTLE AUDITION。特待生だからという特別扱いはもちろんなかったものの、一次予選、二次予選と順調に勝ち進んで、僕はさらに確信を深めていた。

やっぱり「願えば叶う」んだ。

しかし三次がヤバかった。終わった時には正直、これは終わったかもしれないとヘコんだ。残っていた三十数名の中に、半端なく歌が上手い人が何人もいたのだ。

それもそのはず、ＥＸＰＧに入って数カ月という僕とは違って、すでに何年も在籍し、本気のレッスンを重ねてきた方も交じっていた。

審査結果が出るまでは不安で仕方がなかった。歌だけで評価されたら、負けているのははっきりしている。

「ＥＸＩＬＥになる」という将来以外、まったくイメージできていなかった僕は、これでダメだったらもう人生終わるな、くらいに思っていた。

どんどん膨らんでいく不安を打ち消そうと、僕が彼らに勝てるとしたらなんだろう？　と考えることにした。

「ＥＸＩＬＥになりたい」という強い思い。これは誰にも負ける気がしない。取り出して比べるわけにはいかないけど、きっとＥＸＩＬＥさんたち、ＬＤＨのスタッフさんたちには伝わるはずだ。

伝わってほしい。
僕が候補者の中で最年少ということも、可能性とか伸び代として受け取ってもらえないものか。これから死ぬ気でレッスンすれば、歌だってなんだって、みんなよりも上手くなるはずだから。なんとか通過させてほしい。これからいくらでも頑張るから、なんとか僕を選んでほしい。祈るような気持ちで、その時を待った。
そんな思いが届いたのか、僕は三次を通過した。
自分の名前が呼ばれた時の、あのホッとした感じといったら、それまで一度も経験したことのないものだった。全身の力が抜けて、床にへたり込みそうになった。
しばらくして落ち着きを取り戻すとともに、喜びが湧き上がってきた。
これでEXILEになれる！
実際にはまだ十五人ほどの候補者による最終審査が残っていたわけだが、僕としては不思議と、もうこれで大丈夫だと思い込んでいた。
明らかに実力の差がはっきりしていた三次を通してもらったのだから、審査する方々はちゃんと自分を認めてくれている。後はもう自分がやれることを思いっきりやるだけ。精一杯自分を出し切ればそれでいい。
合宿審査でも、レコーディング審査でもなんでもやってやろうじゃないか！
ちょっと偉そうな言い方になってしまうが、この後は結果を「待つ」のではなく、結果を「もらう」と考えていた。もう不合格という文字は完全に頭の中から消えていた。
そうして僕は、VOCAL BATTLE AUDITIONの合格者となった。
「願えば叶う」が、僕の中で証明された瞬間だった。

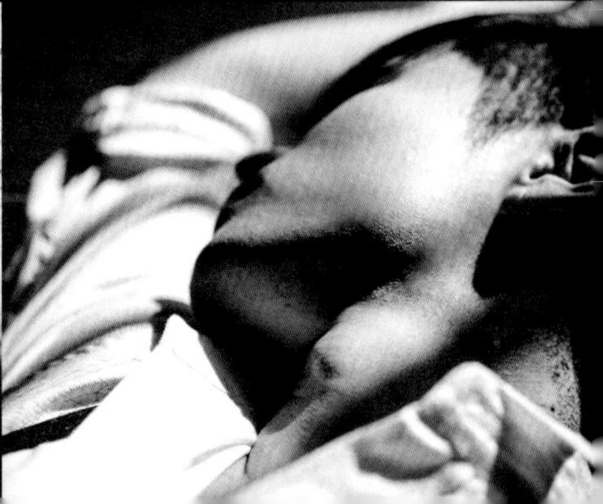

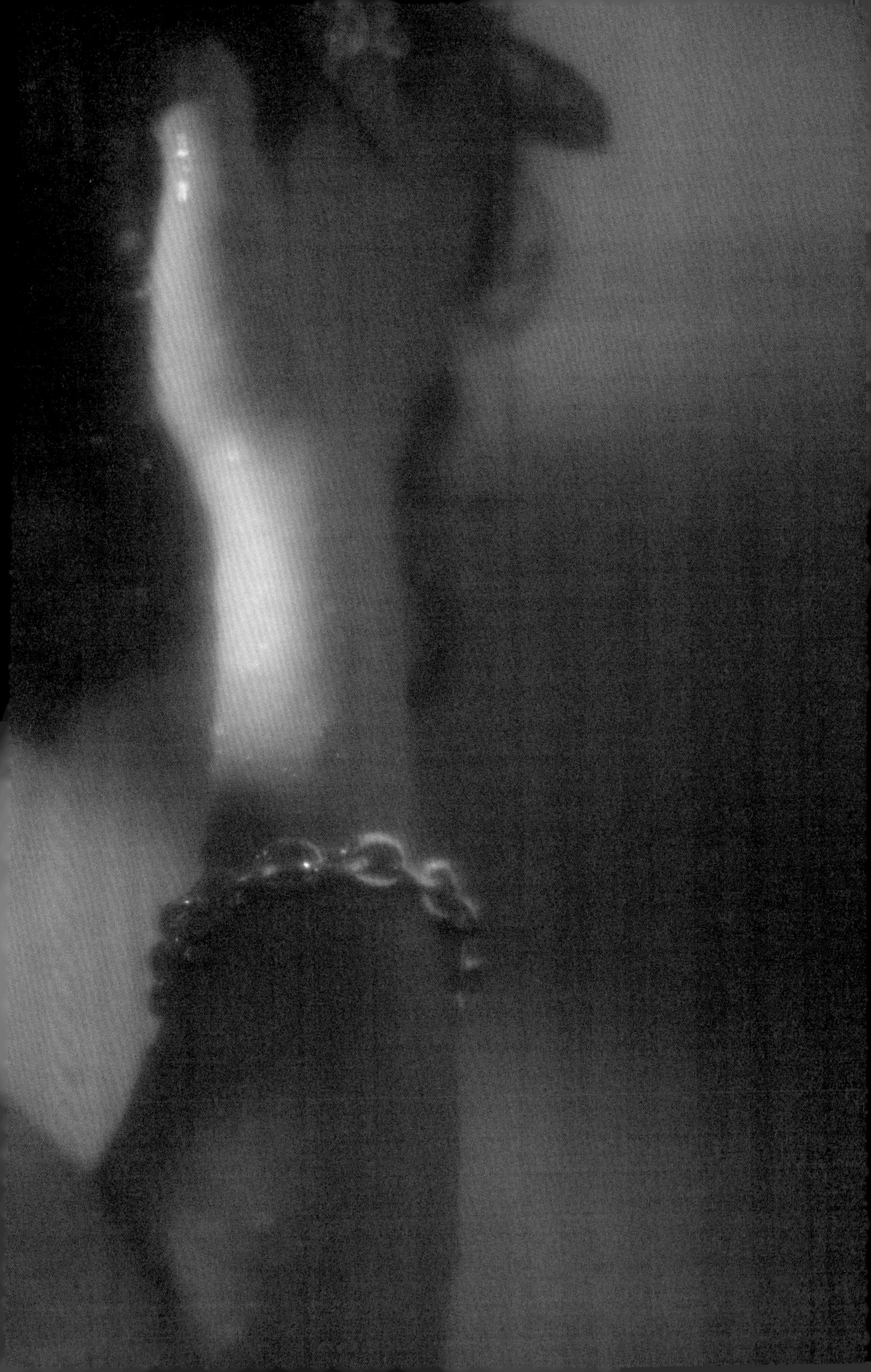

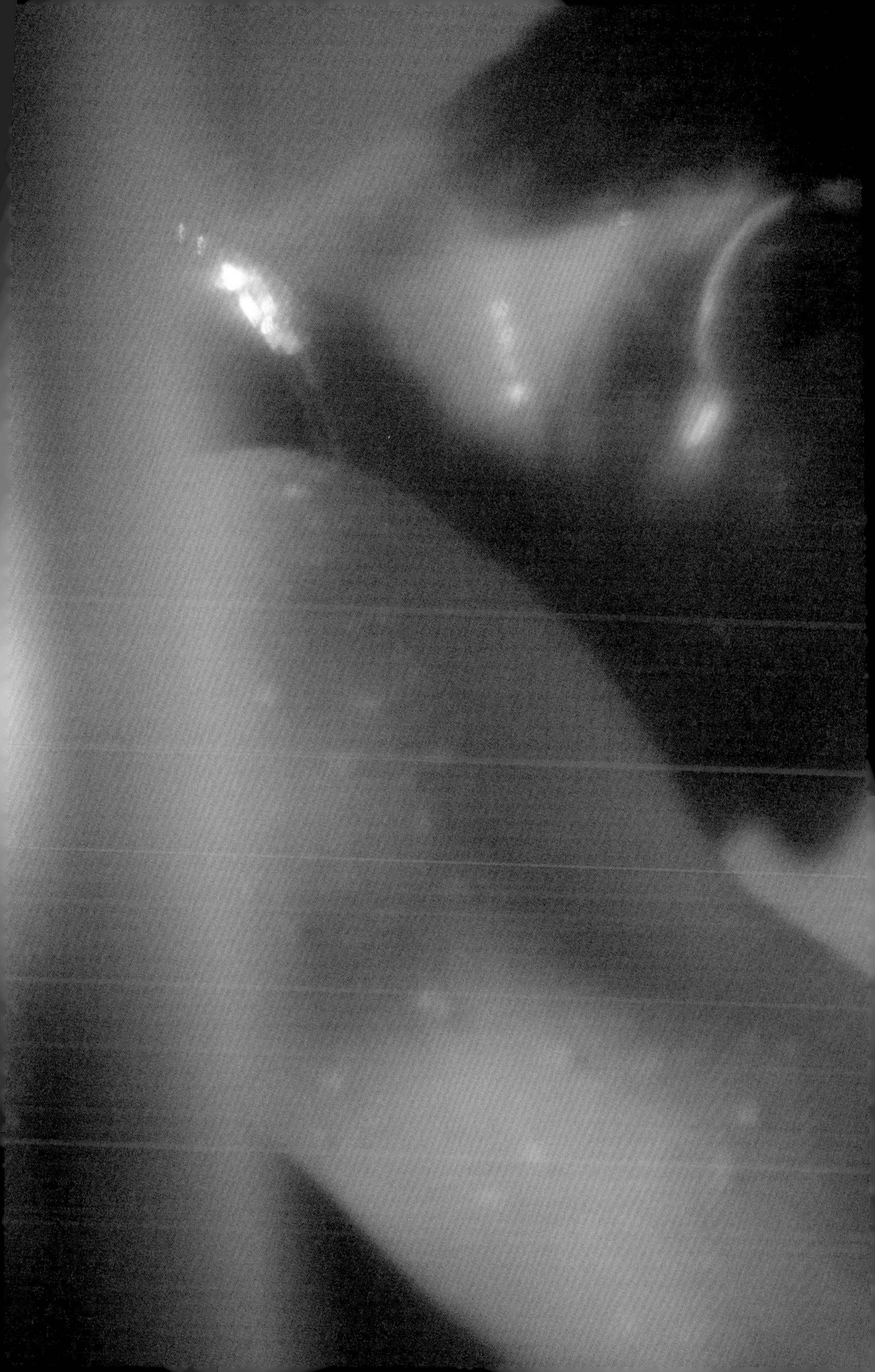

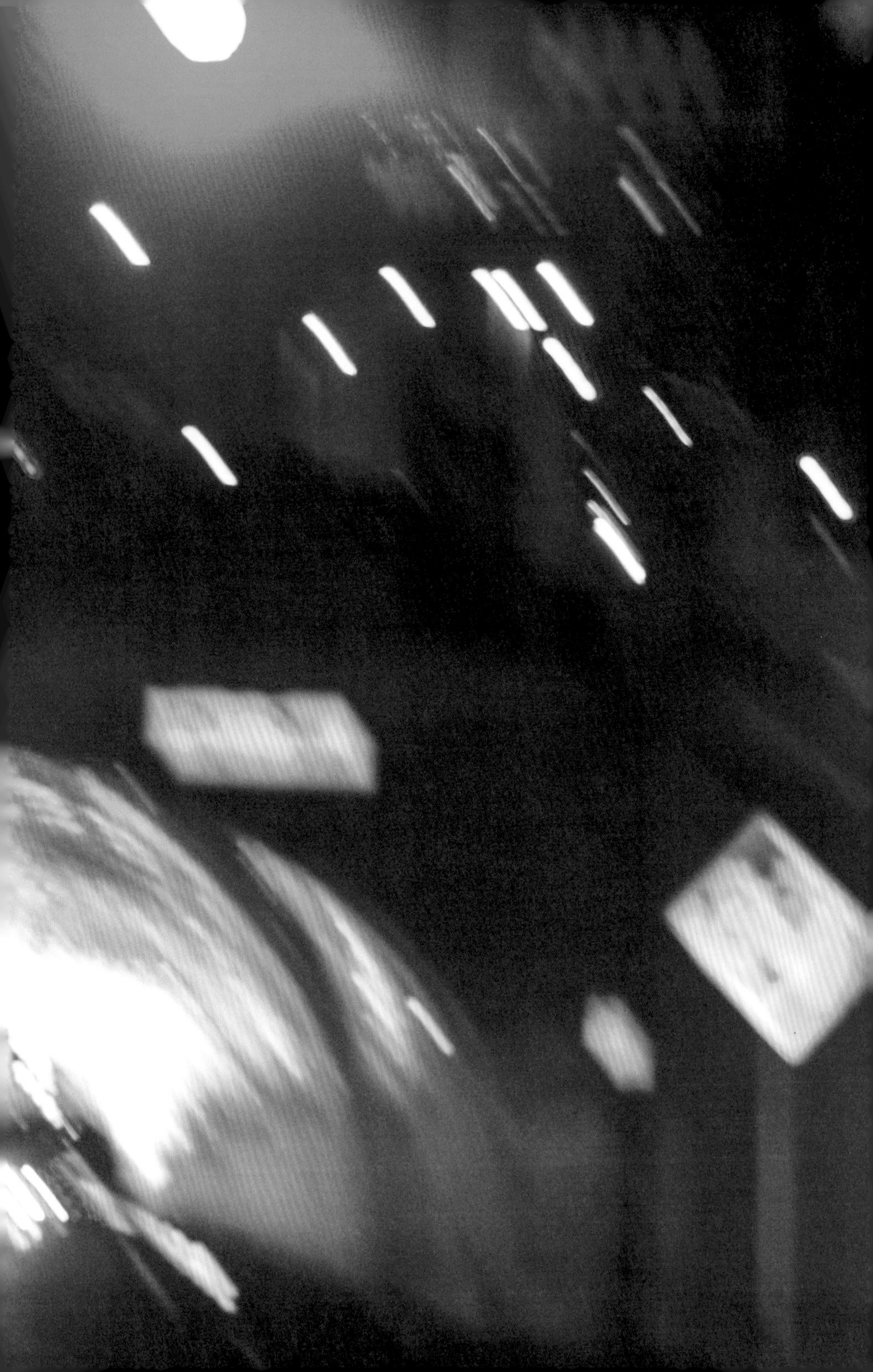

デビューまでの長い時間

VOCAL BATTLE AUDITIONに合格し、しばらくの間は「武者修行」で日本各地をまわった。その中で何が一番キツかったかというと、チラシ配りかもしれない。

「すいません、THE RAMPAGEっていうんですけど、今日そこでライブがあるんです」

僕らは商業施設などの会場周辺で、一人でも多くの人にライブへ来てもらおうとチラシを配った。ほとんどの人に受け取ってもらえなかった。それ以前に、無視されるか避けられるか、そこにいない人のように扱われた。正直めちゃくちゃへコんだ。

VOCAL BATTLE AUDITIONやTHE RAMPAGE結成の様子はテレビで放送されていて、全国に観てくれる人がいることは知っていた。身近な人たちからは「すごいね」という声ももらっていた。

だからといってデビューもしていない自分たちが有名だと思っていたわけではないけれど、まさか無視されるとは想像もしていなかったのだ。一生懸命にやれば、チラシくらいなんとかなるだろうと高を括《くく》っていたところもある。

しかし現実は違った。通り過ぎるたくさんの人たちの前で、チラシの束を抱えていた僕は無力だった。悔しかった。

その時はただ落ち込んでいただけだったけど、今にして思えば、人に知ってもらうこと、人を巻き込んでいくことの難しさを痛感していた。

チラシを差し出す前に「EXILEの弟分なんですけど」と言えば足を止めてくれる可能性が高

まるのも、動かしがたい現実の一つだった。
その当時のライブのステージは、思い出すのも嫌なくらい散々なものだった。
特に一回目の武者修行の頃、ボーカルとしての僕の力量は今の百分の一以下というレベル。ただがなり立てるように力で押していくふうなことしかできていなかった。ダンスだって覚えた振り付けをこなしているだけで、踊ることで何を伝えられるのかまるで分かっていなかった。
他のメンバーたちもそれぞれの事情や思いがあったと思う。
しかも僕らは十六人がバラバラに違う方向を向いていた。口では「力を合わせて」とか「一つになって」と何度も繰り返していたけれど、それはただのおまじないでしかなく、どうしたらそうできるのかは誰にも分かっていなかった。
一回目の武者修行は十六人みんなが候補生という立場で、その先でメンバーが絞られるはずと考えていた。ボーカルは三人いるけど、少なくとも一人はいなくなってしまうだろうから、他の二人はライバルとなる。パフォーマーにしても同じで、他の奴には負けないと思いながらステージに立っていた。考えているのは自分のことだけだ。
僕らのほとんどはまだ十代。はっきり言って子どもだった。ついこの間まで見ず知らずの他人だった子どもたちが十六人集まれば、どうなるのかという話でもある。
武者修行が終わって、幸運なことに十六人は一人も欠けることなく正式メンバーに昇格した。夢に一歩近づいた気がしてみんなで喜んだ。
しかしそれで抱えていた問題が解決するわけもなく、程なくしてＴＨＥ　ＲＡＭＰＡＧＥは活動を休止することになった。
この活動休止期間はこれまで順調に目標へ近づいていると感じていた僕にとっては、足踏みをしているようで、もどかしくて辛《つら》い時間だった。前代未聞なくらいのスピードでデカいステージに辿り着いてやると意気込んでいただけに、焦りもあった。不安や焦りは日毎に募っていき、やがては本当にデビューできるのか？　という疑いさえ抱くようになった。

しかし僕はこの期間に、知らず知らずのうちに、この後の人生にとって掛け替えのない経験をすることとなった。

一番大きかったのは、先輩方のライブをスタッフとしてお手伝いしたり、地元のＥＸＰＧに戻ってアシスタント業務をしたりと、裏方の仕事をやらせてもらったこと。

これによってアーティストという仕事が、いかにたくさんの人たちの献身的な働きによって成り立っているかを知った。また表に出るか否かにかかわらず、仕事というものの責任の重さや、それぞれがそれぞれの力を出し合い、連携して一つの物事を成し遂げることの難しさ、尊さを、体感することができた。

自分の歌やダンスのスキルを磨くという意味でも、この時間は大切なものだった。他のメンバーから教えてもらった音楽を入り口に、いろんなアーティストを深掘りしていったり、本や映画からインスピレーションをもらったり、気になっていたクランプというダンスを研究したり。触れることのすべてがアーティストとしての自分の糧になっていくような感覚があった。

そうして約一年に及ぶ活動休止期間を経て、僕たちは二度目の武者修行に出かけた。

前回とは大きく形が変わって、ボーカルの三人が分かれたＡからＣの三チームで四十七都道府県を巡るというもの。

僕がボーカルを務めたルートＣは黒をテーマカラーとして、他のチームよりブラックミュージックのパワフルさを強調したパフォーマンスをすることになった。

まだまだ僕の歌やラップは、完成度なんて言葉を使うのはおこがましいほど未熟なものであった。けれどステージを重ねる毎によくなっているという自覚はあった。

以前ならばボーカル三人でパートを振り分けて歌っていた曲も、僕一人でやらなくてはいけない。当然、表現の幅を広げるための試行錯誤を繰り返すことになる。

また「こんなの普通できないでしょ？」と思われるような早口の英語のラップに挑戦してみたりと、他のボーカル二人はやらないこと、さらに言えば日本の他のアーティストはやらないようなことにも手を広げていき、自分のものにしようとした。

個々のスキルアップ以上に、この二度目の武者修行で得られた成果は、チームワークとはなんなのかを摑《つか》めたこと。

ルートCのメンバーはいつも引き締まった雰囲気の中でパフォーマンスに向かい、終わった後には映像を確認しながら、さらによくしていくために真剣な話し合いを重ねた。

年齢や経験の差は脇に置いて、みんなが感じたことを率直に口にする。時には多少、棘《とげ》があるような言葉が飛び交っても、きっとグループのためになるのだから受け入れようという空気が自然と出来上がっていった。

ステージを重ねる毎に信頼関係が強まっていく中、僕たちはこう思っていた。

これを十六人でやれたらすごいことになる。この感覚をＴＨＥ ＲＡＭＰＡＧＥに持ち帰ろう。

確かな手応えとともに、僕らは武者修行を終えた。

他の二チームもそれぞれの経験を通して、個人のスキルを磨き、仲間への信頼を築いていた。そんな十六人が再び集まり、ＴＨＥ ＲＡＭＰＡＧＥが本当の意味で一つのチームとなったと感じられた時、デビューが決まった。結成から二年が過ぎようとしていた。

今でもごくたまに、メンバーと武者修行や活動休止していた頃の話になることがある。「あれはキツかったね」なんて笑い合うのだけれど、実を言えば今の僕は、あの時のすべてが必要不可欠な出来事だったと捉えているので、苦しいという記憶はなに一つ残っていない。

自信のないままステージに立ったこと、メンバーとぶつかったことなどは、サービスエリアでみんなで食べたうどんの美味《おい》しさなんかと一体になって、最高に楽しくて、充実した思い出となっている。

チラシ配りは確かにヘコんだし悔しかった。でもあの経験もまた今の僕の、今のＴＨＥ ＲＡＭＰＡＧＥの一部になっている。

上手いとか下手じゃなくて

ＴＨＥ ＲＡＭＰＡＧＥのボーカル三人の中で、僕はラップ担当、低音部分を歌う担当と思われている節がある。発表されている曲ではそういう役割が多いし、そうするとライブでもその部分を任されることになってくるから、現状では仕方ないことなのだろう。

でも自分としては、ラップとか低音だけではなく、高いキーだってなんだっていつでも歌えますよという気持ちでいる。気持ちだけではなくて、そういう準備ができている。

ボーカリストなら当たり前かもしれないけど、僕は自分の歌に自信を持っているのだ。

デビュー前まではまったく逆だった。

歌が上手いと思ってもいなかったし、そもそも自分の声にコンプレックスを持っていた。録音したものを聴くと耳を塞《ふさ》ぎたくなるくらい嫌いだった。憧れのボーカリストたちの、あの耳に心地よくて透明感があって、とにかくかっこいい声に比べて、まったく魅力を感じられなかったのだ。

それでも僕はボーカリストになる道を選んでいた。なりたいし、なれると思っていた。

武者修行の時は、ＴＨＥ ＲＡＭＰＡＧＥの色を出すことに躍起になっていたこともあって、できるだけ男らしく、ドスの利いたふうな声を出してがなり立てるようにして歌っていた。今思い返すと、あれは歌とは呼べない代物だった。

転機になったのは二〇一六年、「武者修行ＦＩＮＡＬ」を観に来てくださったＥＸＩＬＥ／ＥＸＩＬＥ ＴＨＥ ＳＥＣＯＮＤのＳＨＯＫＩＣＨＩさんの言葉だ。

「めちゃくちゃいい声なんだから、自信を持って素直に歌ったらいいよ」

僕は尊敬する先輩からそんな言葉をかけて頂いた時、喜ぶより前に驚いてしまった。
俺の声はいい声なのか⁉
すぐにはそうとは思えなかったけれど、ＳＨＯＫＩＣＨＩさんがそう言うのならば、いいところもあるのかもしれない。
それからスタッフさんの何人かからも「いい声だね」と褒めてもらったりして、僕はだんだんと自分の声を認められるようになってきた。ＳＨＯＫＩＣＨＩさんのアドバイスの通り、素直に歌うように心がけてみたら、自分でもこれでいいのかもしれないと思えるようになっていった。
そうして歌の練習を重ね、レコーディングやライブを経験する毎に、少しずつ自分の声と自分の歌に誇りと自信を持てるようになって、今に至る。
普通に考えて、僕より歌が上手い人は世の中にたくさんいる。技術という点ではまだまだ拙《つたな》い部分があることは自分でも分かっているし、だからこそこれからもっと磨いていける余地はあるはずだけど、上手いかどうかで比べたら、いくら頑張っても敵わないくらいの人はいる。
それでも僕が自分の歌に自信を持っているのは、心の中で「歌ってそもそも上手いとか下手とかそういう問題じゃないでしょう」と思っているからなのだ。
分かりやすいように、ダンスの話をしてみよう。
ものすごくダンスが上手い人がいるとする。その技術が素晴らしいものだとしても、ただ単に決められた振り付けを肉体的にこなしているだけだったら、果たしてそのダンスは見た人を感動させることができるだろうか。
僕はそうは思わない。パッと見た時は「上手いな」と感じるかもしれないが、そこから目を離した途端に記憶から消えていってしまうはずだ。

歌も同じことだ。どんなに技術的に上手かろうが、高い音域まで声が出ようが、本当に大切なのは、それを歌っている人のハートやスピリットなのだ。伝えたいと思うパッションなのだ。

僕は今の自分の歌に、とても自信を持っている。そしてこれからいろんな人と出会ったり、いろんな経験を重ねたりすることによって、さらにいい歌が歌えるようになると確信している。

まだ幼かった僕が、自分の声が嫌いなのにもかかわらず、ボーカリストになりたい、なれるはずだと思っていた理由も、つまりはそういうことなのだ。

十六人の絆

僕らTHE RAMPAGEの十六人というのはかなりの大所帯。三代目J SOUL BROTHERSさんやGENERATIONSさんは七人だから、倍以上だ。十六人も違う人間がいれば考えも十六通りあるので、なかなか一つにまとまらないのが普通だろう。結成当初は何よりもそこが問題だった。

パフォーマンスに限って言っても、十六の意識の矢印がそれぞれ別の方向を向いていたら、たとえみんな同じ振り付けのダンスを踊っていたとしても、お客さんに訴える力は散漫にならざるを得ない。どこかに必ずズレも生まれてくるし、ズレはすぐに伝わってしまう。

でも今のTHE RAMPAGEは違う。十六の矢印がきっちり同じ向きに揃《そろ》っていて、一つの太い柱のような矢印になりつつある。そんな自信が、今の立場を任され、矢印の先端にいる自分にははっきりとある。

ステージに立っている時、多くのシーンで僕の前に誰かが立っているということはない。他のメンバーが見えるか見えないかでいったら、視界の端の方でメンバー数人が踊っている姿が確認できるという感じ。

けれども僕はものすごく大きなパワーを他のメンバーからもらっている。それは後ろから強く押されている感じとも、下からしっかり支えられている感じとも言える。僕は矢印の先端として、十六人分のエネルギーを放射するようなつもりで歌を届けるのだ。

かつては十六人のうち一人、二人がいないステージだったとしても、観客には気付かれないような状態だったかもしれない。でも今、僕たちがＴＨＥ ＲＡＭＰＡＧＥであるためには一人でも欠かすことができない。

ＴＨＥ ＲＡＭＰＡＧＥとはそれぞれの得意分野を持つ十六の強い個が集まってできる、唯一無二のグループなのだ。

いつからそう言えるようになったのか改めて考えてみると、なかなか特定は難しい。

あくまで僕の考えだけれど、分かりやすいきっかけというのはなかったように思う。それぞれが個人の仕事を経験するうちに、そしてチームとしていろんなステージを重ねていくうちに少しずつ変化していった。

その経験には悔しい思いをした場面も多く含まれる。たとえば、ある夏フェスに出させて頂いた時のこと。

僕らは短いパフォーマンスの時間をもらっていた。十六人は大きな舞台に意気込んで飛び出していったのだけれど、歌い始めた途端に会場がザワザワしだした。

席を立ち上がってステージに背中を向け、移動する人の波が起きたのだ。

つまりお客さんたちの多くにとって、ＴＨＥ ＲＡＭＰＡＧＥのパフォーマンス時間はトイレタイムということ。あの時の悔しさはきっとメンバー全員、一生忘れないことだろう。

そんな悔しさもまた糧になって十六人の絆は徐々に深まり、積み重なり、大きくなった。そして今もなお、より強固なものになろうと変化している最中だ。

ＴＨＥ ＲＡＭＰＡＧＥは元々、ＨＩＰ ＨＯＰ色の強いグループとして結成された。今もその意識は僕らのコアとしてある。パワーとパッションを全開にしながら、名前の通り、縦横無尽に〝暴れまわる〟。

ゴリゴリのＨＩＰ ＨＯＰをやっていればいいということではない。様々なジャンルを取り入れた楽曲をリリースし、自分たちのものとしてパフォーマンスしていく過程で、多くの武器を手に入れることができている。

たとえば「Fandango」という曲に出会うまでは、まさか自分たちがラテンミュージックをやるとは思っていなかった。けれども、この曲は結果として多くのファンの方に気に入ってもらっているし、僕らにとってもライブの盛り上げには欠かせない大切なものとなっている。

バラエティー豊かな楽曲がＴＨＥ ＲＡＭＰＡＧＥの表現の幅、イメージの幅を広げていってくれている。広がった分だけ密度が下がるような不安はない。なぜなら僕らメンバーは同時に、個人としてどんどん強く、大きくなってきているからだ。

表現の幅といえば、僕らが十六人であることがそもそも大きな武器となる。

ボーカル三人に、パフォーマー十三人。これらを分解して組み合わせれば数えきれないほどのバリエーションのチームが出来上がる。ＴＨＥ ＲＡＭＰＡＧＥは大きな可能性を秘めているのだ。

僕らはデビュー以来ずっと進化している。

こういうのは〝らしくない〟という制限をできるだけ設けず、どんな挑戦をしてもブレずに、これもまたＴＨＥ ＲＡＭＰＡＧＥだと堂々と胸を張りながら、前に進んでいる。

そんな僕らの真ん中にあるのは、やっぱり十六人の絆だ。

メンバーと寮生活をしていた頃は、嫌でも一緒に過ごす時間が多かった。一緒にゲームをしたり、ご飯を食べたり、買い物に行ったり。もちろん仕事の話を真剣にする時間も多かったけど、グループを離れた個人同士としてコミュニケーションを取ることも、お互いへの理解や信頼を深めていく上で重要だった。

今、僕は寮を出ているし、それぞれが個人の仕事も色々と抱えているので、なんでもない時間のために集まる機会は随分と減っている。時々寂しく感じるけれど、もはや触れ合う時間の長さと僕らの絆は、基本的には関係ないとも思っている。

僕らはみんな、十六人で作り上げるステージで起こる、掛け替えのない、あの素晴らしい瞬間を共有しているのだ。

たとえばライブも大詰めを迎え、会場のテンションもかなりのところまで高まっているという時。今歌っている曲のラストのサビは、みんな揃って踊るという段取りになっているけど、何か違うと感じることがある。

ここはお客さんも一緒になって、さらに爆発的に盛り上がっていくところじゃないか？

僕だけがそう感じているのではなく、みんなもそうなのだというのが伝わってくる。

僕らは一瞬のうちにアイコンタクトを交わし、踊るよりも客席を煽《あお》ろうと確認し合う。時間にしたらほんの数秒の間で、十六人の意思がピタリと一つになる。

そして迎えたサビで、僕らはステージいっぱいに散らばり、大きく身体を使って客席を煽る。もっといける。もっともっと、と。

その時、客席とステージの境界は曖昧《あいまい》になる。ライブ会場は一つのパワースポットのような、そこにしか存在しないエネルギーを放つ、特別な空間に変わるのだ。

僕たち十六人は、そんな人生で最高にアドレナリンが出まくる、もしかしたら奇跡と呼んでいいのかもしれないような瞬間を一緒に作り上げてきた仲間だ。

僕らの絆は簡単に揺らいだりするわけがない。

違う人として生きる喜び

僕は周りからどう思われようと、我が道を行くというタイプ。人の意見を聞かないわけでは決してないけど、聞くべき意見とそうでないものは、はっきりと区別している。

今も昔も、僕がそういう人間であることは割と周りにも認知されているので、そういう人からしたらちょっと意外に思われるかもしれないが、実は自分ではない誰かに憧れるという気持ちもすごく強く持っている。

その誰かとは具体的には、この道を目指すきっかけとなったEXILEのTAKAHIROさんだったり、アーティストとしても人間としてもすごく尊敬している三代目J SOUL BROTHERSのオミさん（登坂広臣さん）だったりするのだけど、子ども時代まで遡ると、アニメのキャラクターから始まっている。

まだ小学生だった僕は、家に誰もいないのを確認してから、大好きなキャラクターのお気に入りのセリフを何度も練習していた。精一杯格好を付けて、できる限りなり切って、一人で繰り返し唱えていた。

うまくセリフが言えたなら、そのキャラクターに近づけて、アニメの世界の中に入り込めるんじゃないかと思い込んでいたのかもしれない。

そんな僕だから、芝居というものには幼い頃から興味を持っていた。

映画の『クローズZERO』を観て、「俺、『クローズ』に出るから」と宣言していたのも、憧れの一つの表れであり、その頃にはすでに役者としてテレビや映画に出る自分をかなりリアルにイメージしていた。根拠はないけれど、絶対そうなるだろうと思っていたのだ。
僕が『クローズZERO』の原作者である髙橋ヒロシ先生が描いている漫画『WORST』と、LDHが関わり続けている「HiGH&LOW」シリーズのコラボレーション企画、『HiGH&LOW THE WORST』で主人公となる役を任せてもらえたのは、夢が叶ったというか、長く宣言してきたことがついに現実化したというか、とにかく最高に嬉しい出来事だった。
ちなみにLDHで「HiGH&LOW」の企画が立ち上がったばかりの頃、社内で偶然その話を小耳に挟んだ僕は、「出たい！」と言っていたのだ。本当に「願えば叶う」という話がここにも一つ。
俳優としてのデビュー作は「PRINCE OF LEGEND」シリーズ。
これもLDHが制作に携わった作品だが、「HiGH&LOW」とはまったく違ったテイストで、EXILE TRIBEメンバーと若手俳優たちが、〝王子〟や〝貴族〟に扮し、〝伝説〟の称号を巡って競い合うというもの。僕は王子の一人・京極竜として、兄と仲間を大事にする下町育ちのヤンキーを演じている。もちろん王子なので、キラキラッとした感じがとても重要。
下町育ちのヤンキーの部分はともかくとして、僕はどちらかというとクールと言われる方なので、キラッとした部分なんて自分にはないと思って生きてきた。だから最初は正直、戸惑った。でも演技自体初挑戦だし、一つの表現としてそういうキラッとした顔もできるようになることには意味があると捉えて、真剣にやらせて頂いた。
そうして向かい合った竜という男は、自分の性格に〝ツン〟の部分をかなりプラスしたくらいな感じで、実は結構似ているなと思えるところが多かった。だから特別に気負って役作りをするのではなく、自然に彼の世界に入っていけた。自分を残したまま竜としてカメラの前に立つことができたくらいで。
役作りとして大変だったのは、『HiGH&LOW THE WORST』の方だった。
花岡楓士雄《はなおかふじお》という男は、底抜けの明るさ、もはやアホと言うくらいしかないほどの明るさを持つ男だった。それは僕にはない性格で、なんでこんなに能天気でいられるのか、まったくといっていいほど理解できなかった。
でも理解できないなんてことを言ってられるわけがない。やっと訪れたこの機会、なんとかするのが当たり前だ。
僕はまず自分の心の内側を深く覗《のぞ》いてみて、そこに楓士雄的な明るさ、アホさがないものかと探った。覗き続けた結果、ごく僅《わず》かだけれど、そういう部分が見つけられるような気もした。
もしかしてゲームに熱中してワーッてはしゃいでいる時の、あの感じなのかも？
そう思えたら、その部分を拡大させてみようと考えた。自分のスキルのメーターみたいなものがあって、〝攻撃力〟はいくつ、〝防御力〟はいくつみたいなものの隣に、〝アホなくらいな明るさ〟が並んでいるとしたら、僅かながらのそれを、無理矢理にでも引き上げてみようとする感覚だ。
そんな中、この映画の脚本も書かれた髙橋先生と食事をご一緒させて頂いた。
「壱馬、お前、人前で鼻くそほじれるか？」
まだ役を摑みきれていない僕に、髙橋先生はこう尋ねてきた。
「楓士雄は結構バカでさ、そういうキャラクターなんだよ」
その言葉を聞いた時、僕は楓士雄になるにはどうしたらいいのか分かった気がした。
劇中で楓士雄が鼻くそをほじるシーンはない。ないけれど、それを平気でできてしまうのが楓士雄なのだ。

普段の僕はそんなことは絶対にしない。でもだから理解できないとかではなく、それが難なくできるというところに行き着けばいいだけの話だったのだ。
本読みやリハーサルでは、あえてすごく高いテンションで話してみたり、アホさを全開にしてみたりと試行錯誤を繰り返した。恥ずかしいなんて少しも思わなかった。今、自分は殻を一つ破ろうとしているという実感があったし、そうやって殻を破って役になり切ることこそが、本当の芝居なんじゃないかと思えたからだ。僕は本気だった。
結果的に僕は、楓士雄という男をものすごく楽しく演じることができた。
楓士雄には演じる喜びを教えてもらうことにもなった。その役になり切ることで、自分の日常ではできない経験を得た。撮影期間中の約三カ月を花岡楓士雄という違う人として生きることができたのだ。
楓士雄の目線で見る世界では、いろんなことが新鮮だった。普段見過ごしていた面白いことがゴロゴロと転がっていた。こんなふうに生きられたら人生は楽しい。楓士雄はなんてかっこいい奴なんだと胸を熱くした。
つまり僕はいつの間にか楓士雄に憧れていた。演じることで彼と同化しようとしていたのだ。
撮影を終え、楓士雄から壱馬に戻っても、なお新しい発見があった。
楓士雄という男は自分よりも何よりも仲間を大事にするやつで、彼の周りにはいつも自然と人が集まっていた。
僕だって仲間を大切にしたいとは思っている。でもそのためにはまず自分を大切にすべきという考えの人間。だからかどうかは分からないけれど、彼のような人望があるとは思っていない。
そんな僕が楓士雄を演じるうちに、いつの間にか楓士雄流のやり方を自然と学んでいた。時に自分というものを差し置いて、仲間のために尽くしたいという気持ちを実感として持てるようになっていたのだ。

楓士雄を演じてから、たとえばTHE RAMPAGEのメンバーへの接し方も変わったと思う。分かりやすいところで言えば、前よりもっと相手に対して余裕を持てるようになったということかもしれない。この変化が周りにどこまで伝わっているかは分からないけど、自分としてはめちゃくちゃ大きいことだ。

役から学ぶというのはこういうことだったのか——。

芝居というものは奥深い。

僕にとって芝居の仕事は、音楽と同じくらい大事なものだ。音楽と分けて五〇%の力で、とかなんかじゃなくて、芝居にも一〇〇%以上の気持ちで臨みたいと思っている。

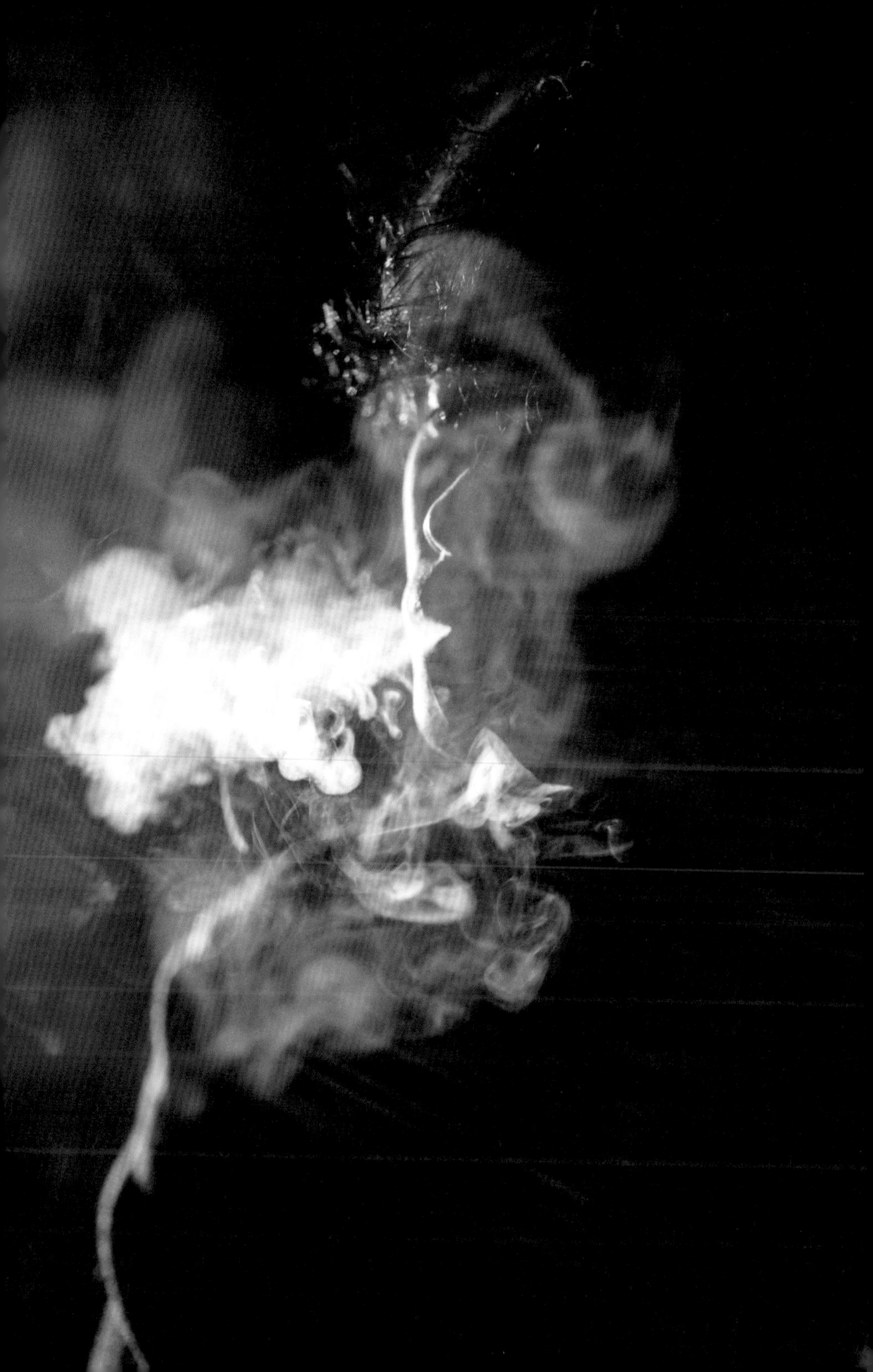

477
McNeilus
CALL
BOX

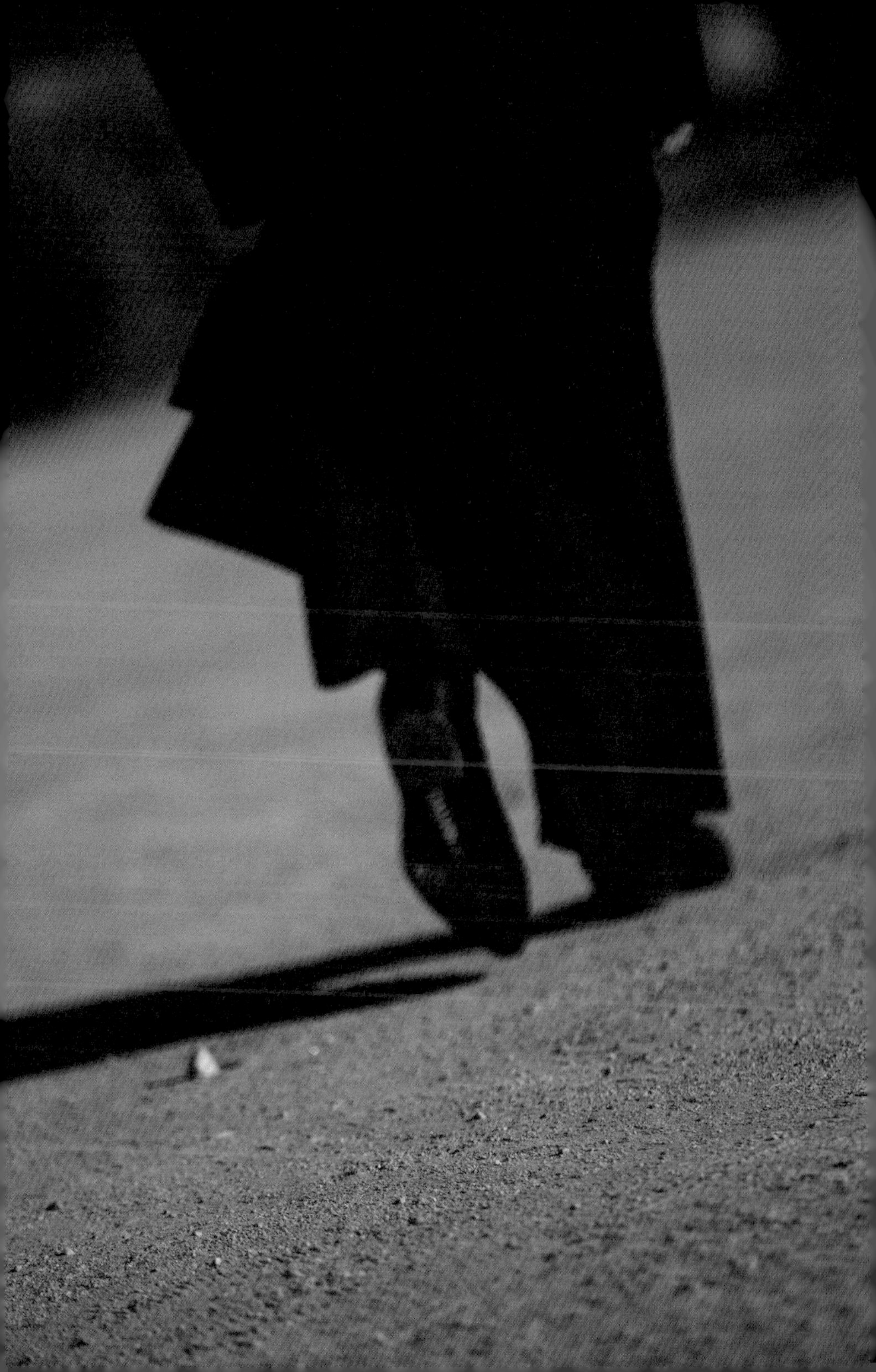

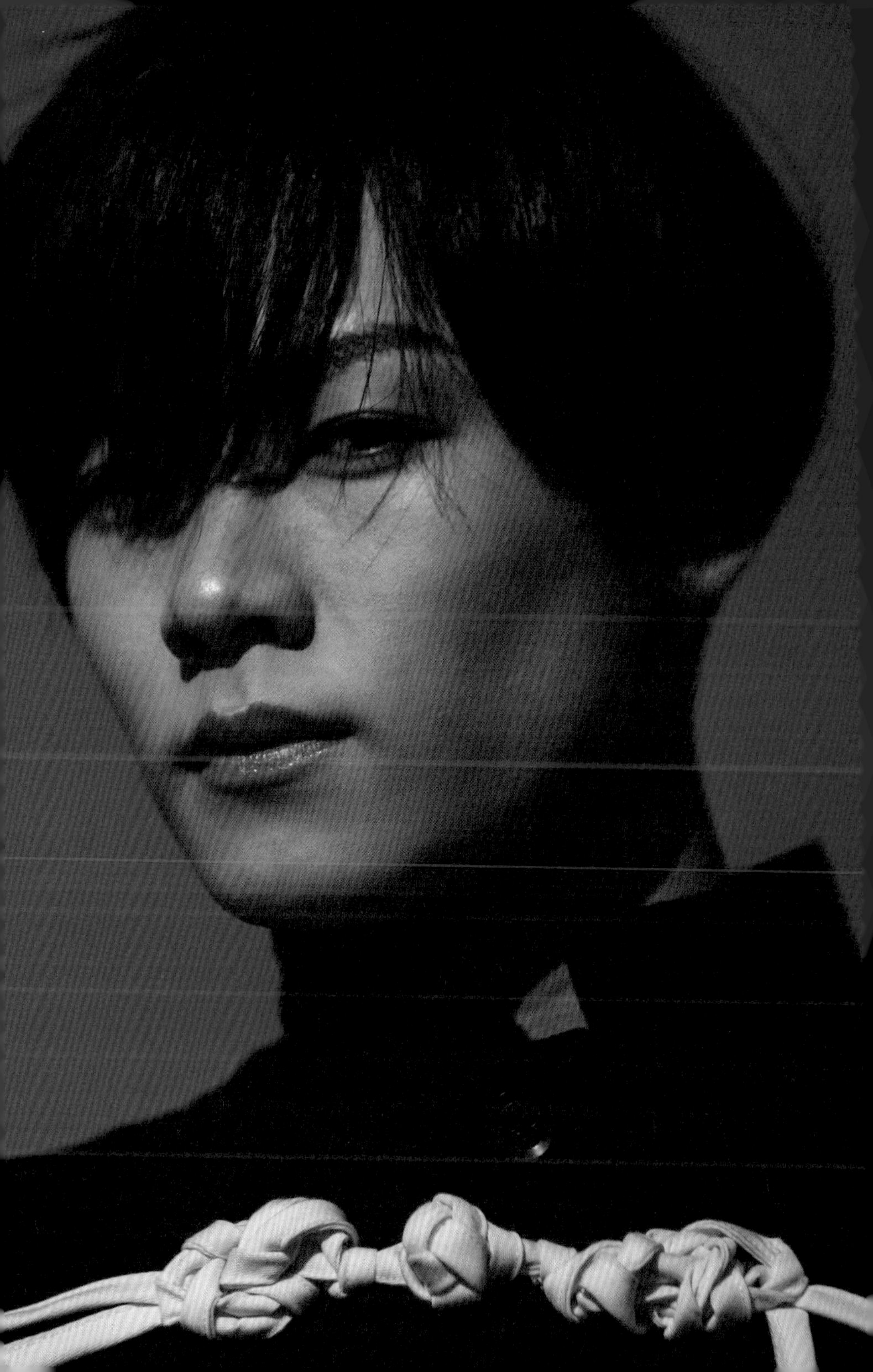

ＬＡ
〜心を解放できる街で〜

この本の撮影で初めてロサンゼルスを訪れた。

ＬＡは僕にとって憧れの場所。

ＥＸＰＧのロサンゼルス校が置かれている場所なので、会社のいろんな方から街の魅力を聞かされていた。いつか行ってみたいと思っていた。

プライベートでも仲良くさせて頂いているオミさんもＬＡには特別な思いを持っているという。オミさんから伺ったいろんなお話から、ＬＡは制限なく自分を解放できる場所なんじゃないかとイメージしていた。オミさんが好きならば、僕もそうかもしれない。

期待を膨らませてＬＡに降り立った。

もちろん撮影のための旅なので、好きなように行動するわけにはいかない。もし空き時間ができたらフラッとどこかに行ってみようかなくらいは考えたけれど、まずはとにかく、自分にとって初めてとなる本の撮影に一二〇％集中しようとした。

ところが、というのも失礼な話なのだが。

この撮影というものが最高すぎた。

まずカメラマンさん、スタイリストさん、ヘアメイクさんを初めとするスタッフの方々がみんな素敵だった。それぞれがプロとしての仕事を完璧にこなした上で、現場の雰囲気を柔らかくしてくれたり、カメラの前に立つ僕の気分を盛り上げてくれたりする。いい写真を撮るためだったらなんでもするという気持ちがひしひしと伝わってきて、僕は静かに感動していた。

撮影はいろんな場所で行われたので、僕は方角もほとんど分からないまま、海に山に、そして街にと、あちこちへ連れて行ってもらうことになった。訪れた先々の景色は素晴らしいし、途中で寄ったレストランの美味しさにも驚いたけれど、何より気に入ったのは、この土地から感じる、誰であってもそのまま受け入れてくれそうな大らかな雰囲気だった。

僕が日本のアーティストだと知っている人がいないというのは当然として、十名近いチームで撮影をしていれば、「あの人誰?」みたいな感じになりそうなものだが、そういうこともあまりなかった。

かといって他人行儀というのとも違う。シンプルな温かさが感じられるのだ。

どこの国の人でも、どんな仕事をしている人でも、みんな楽しくやったらいいんじゃない?

街やそこにいる人々からそんなメッセージを受け取って、僕の心はとても軽くなっていった。制限なく自分を解放できる場所というイメージは当たっていたようだ。

日程としてはほんの数泊のLA撮影旅行だったけど、僕はこの場所のことが大好きになった。帰国してしばらくは〝ロス・ロス〟でどんよりしてしまったくらいに。

この本を作るにあたって、LAで撮影した写真を改めて見て驚いた。

そこには自分でも見たことがないような顔をしている川村壱馬がいたのだ。

放出されている意識がいつもと全然違うじゃないか。

写真の中の僕は、完全に心が満たされた人だった。心が自由に動いている人だった。

また早くLAに行きたい。そして場所がどこであってもこんな顔ができる人になりたいと思う。

付き合うなら結婚する人

なんの自慢にもならないけれど、これまで彼女と長く続いたことがない。
これにはいろんな理由があるのだと思う。中でも一番大きいのは僕の恋愛観の問題だろう。いや恋愛観というか、人生観でもある。
僕は付き合うなら結婚する人と思っている。
今時そんな人いるの？　と驚かないでほしい。この僕は確かにそういう人間だ。
いろんな恋愛を経験して、中にはひどい失敗もして、こういう考えに至ったのだとしたら、まだ分かりやすいのかもしれない。
でも違う。僕は初めて自分の中に恋心というものを見つけた時から、ずっとそう考えていたのだ。
人生で初めて彼女ができたのは、中学に入学してすぐくらいのこと。
中学生の〝付き合う〟なので、放課後に一緒に帰るくらいの可愛いものなのだが、僕は彼女と並んで歩きながら、この人と結婚したいと思っていた。するとことになるのだろうと疑っていなかった。
女の子と話すことに慣れていなかったので、直接その気持ちを伝えることはなかったはず。でも手紙の交換か何かの時に、匂わせるような言葉を書いてしまったことはあったかもしれない。
だからかどうかは未だに分からないけれど、僕は一方的に振られてしまった。
振られても僕の恋は終わらなかった。一方的ではあれ、結婚しようと思っていた人だ。簡単に思いを断ち切ることはできなかった。
そして僕はその後の数年間、彼女のことを好きでい続けることになった。

振り返れば、彼女のことが好きだったのか、自分の思い込みを大事にしたかったのかはよく分からない。とにかく僕の人生における恋愛はそんなこじれた状態から始まった。

その後にも何人かの女の子と付き合った。その度に僕は、この人と結婚すると思ってきた。

逆に言うならば、結婚する気もない人と付き合うなんて、どんな意味があるのだろうと考えてきたのだ。

二十歳も過ぎ、THE RAMPAGEとしてデビューしてからも、ずっと僕の恋愛観は変わらない。多分この先も変わることはないだろう。

今はアーティストとしての活動が忙しいし、やりたいことがたくさんあるし、会いたい人もたくさんいるので、どうしても女の子と一緒にいたいとは思わない。今の川村壱馬には必ずしも恋愛は必要ないと思っている。

恋愛をしていないから寂しい、ということもない。オミさんの自宅で、僕と、一緒に住んでいる僕の母親と三人で飲んで、最高に楽しい時間を過ごしたこともある。僕の周りには大切な人がたくさんいる。

女の子に興味がないわけではない。女の子のことは好きだ。今はそういうことはなくていいと思っているだけ。

でも人の出会いはコントロールできない。もしも明日、どうしても結婚したいという人が目の前に現れたら、きっと僕は迷わず、その人と付き合おうとする。そして結婚したいと思うだろう。

一途のルーツ

恋愛に限らず、好きになったもの、好きになった人のことはずっと一生好きであり続けたい。一途にそれだけを好きでいるくらいの気持ちで想い続けたい。
僕は間違いなく一途な人間だ。いつもそうありたいと願っている。
この性格に最も影響を与えているのは、母方の祖父だろう。
三年前に他界した祖父は、死ぬまで祖母のことを一途に愛し続けた。
ある時、祖母がちょっとした冗談を言った。
「もう来世はあんたと一緒にならへんで」
それに対する祖父の返答が、最高なのだ。
「なに言うてんねん。墓まで探しに行くで」
昔聞いた話では、結婚を反対された祖父は裕福だった実家との関係を絶って、祖母とともに生きる道を選んだそうだ。そして最期までその想いを貫いたのだから、人として男として尊敬せざるを得ない。
祖父はあらゆる意味でデカい人間だった。
「まかさんかい、まかさんかい」
この言葉が僕の覚えている彼の口癖。俺に任せておけ、そうすれば大丈夫だ。彼はいつも周りに対してそういうスタンスだった。
僕や母に何か困ったことが起こった時、祖父は「まかさんかい、まかさんかい」と言って僕らを安心させてくれた。そして具体的に行動して、問題を解決に導いてくれた。

僕はこの祖父にとても可愛がられて育った。一緒には住んでいなかったけれど、同じ大阪にいたのでしょっちゅう会いに行っていた。よく山登りに連れて行ってくれたし、いろんなところに旅行もした。最高に楽しい思い出。

祖父の大きさ、温かさ、誠実さに包まれるような時間の中で、僕は自然と彼のようになりたいと思っていった。

周囲からどう思われようと、一途に自分の想いを貫き、自分の愛する人を守っていきたいと願うようになった。

祖父のレベルにはまだまだ遠い部分もあるけれど、僕は今、そういう人間として生きることができていることを誇らしく思っている。

ずっと自分であるために

「将来どうなりたいか」ということを聞かれることは多い。
それはＴＨＥ ＲＡＭＰＡＧＥとしてであり、時に川村壱馬としてでもある。
僕はいつも次に何がしたいとか、何年後にはこんなふうになっているというビジョンを明確に持っているので、答えに困るということはまずないのだけど、本当の意味で「将来どうなりたいか」を話そうとすると、ちょっと長くなってしまう。
一つずつ説明していこう。
まずＴＨＥ ＲＡＭＰＡＧＥについて。これはＬＤＨのみなさんの意向や、リーダーのＬＩＫＩＹＡさん、陣さんをはじめとしたメンバーたちの考えもあるという前提で、今の立場を任せてもらっている僕としては、このままずっと制限なく自分たちの可能性を追求しつつも、ブレない軸を持って活動し続けていれば、誰も想像していなかった場所に辿り着くと信じている。
その流れの中には単独ドームツアーとか、海外進出というものも含まれるだろうが、そういう一つ一つの事象はあくまで通過するポイントであって、「将来どうなりたいか」とはちょっと違う話なんじゃないかと思う。
この十六人が集まっている以上、もっともっと高い目線で大きなことを目指していくべきだ。
ＴＨＥ ＲＡＭＰＡＧＥは音楽活動を通して、この世の中に対して強いインパクトを与えるグループに、常識や固定観念を覆して新しい時代を切り開くような集団になりたいと思うし、きっとなれると信じている。

そして川村壱馬、個人としてはどうなのか。
もっと歌やダンスのスキルを磨きたい。どんな役でも演じられる役者になりたい。そのために具体的にクリアしなくてはいけないことはいくつもある。
でもやっぱり目指すべきところは、世の中を変えるくらい大きな人間になることだ。
常に自分の殻を破り続けて、新しい自分と出会うことを繰り返していく。そんな姿を見てもらうことを通じて、多くの人たちを励まし、幸せにするような存在になることだ。それを続けていくことによって、世の中が変わる日がきっと来るはず。
THE RAMPAGEが目指すべきだと考えている姿と、川村壱馬がなりたいと思っている自分というのが、実を言うと僕の中では完全に一致している。
僕がグループのセンターに立っていることによってそうなった部分がないとは言わないけれど、こんな僕だからその役割を与えて頂いていると思っている方が大きい。もしかしたらとても偉そうな物言いになっているかもしれないが、僕の中ではそういう認識なのだ。
THE RAMPAGEは十六人いなくては成立しないのは間違いない。誰一人欠けてもTHE RAMPAGEにはならない。それは間違いのないことだ。
でもたとえばステージからみんながいなくなって、僕だけが残されたとしても、一人では何もできませんなんて言ってはいられない。僕はたった一人であっても、僕なりのパワーを発して客席を魅了しなくてはいけない。今の自分にはそれくらいの覚悟や自信が必要なのだ。
そのためにパフォーマンスのレベルをあげることは当然としても、問われるのは一日一日をどう過ごすか、一瞬一瞬をどんなふうに生きていくかだと思っている。
僕が毎日の中で、一番大事にしているのは、いつどんな時も裏表なく川村壱馬であること。

グループの中に立っていようが、他の俳優さんに交ざって芝居をしていようが、いつも自分自身であること。一点の曇りもなく自分であり、自分が自分であることの幸せをしっかりと感じていること。

これは仕事をしている時に限らず、プライベートでもまったく変わらない。

友達とご飯を食べている時、街を歩いている時、さらに言えば自宅に一人でいる時。どんなシーンでも川村壱馬でありたい。だから僕の思い描く川村壱馬ならやらないなと思うことは絶対にやらない。もし誰かに楽しそうな場所に誘われたとしても、川村壱馬にとって行くべきでない場所には一切行かない。

嘘でも格好付けているのでもなく、僕は今、実際にそうやって生きている。

まだ経験もしていないことが、自分にとって必要かどうかどうやって分かるの?

そう思われるかもしれない。でも僕には分かる。

それをしている自分をイメージした時に、心がざわざわとするならば、避けるべきだというサイン。川村壱馬には必要のないことなのだという知らせなのだ。

逆に言うと、心がざわざわすることから離れて、自分がしたいことだけをしていれば、それらはすべて自分にとって必要なものを与えてくれることになる。

音楽や映画、本は常にインスピレーションを与えてくれるし、会いたいと思う人との会話は思いもよらなかった発見をもたらしてくれる。

そしてそういう時間のすべてが川村壱馬をより強く、より大きな、より魅力的な人間にしてくれるのだ。

さて、僕はこれまで一体どれだけ「川村壱馬」という名前を繰り返しただろう……。

「お前はどんだけ自分が好きなんだ?」というツッコミが入るかもしれない。
でもたとえそう言われたとしても、僕はまったく傷付いたりしない。
なぜなら、自分のことを好きにならないでどうするの? と思っているからだ。すべては自分を愛することから始まると考えているからだ。自分を幸せにするのは自分しかいないと信じているからだ。
僕は自分のことが大好きだ。自分のことを愛している。それと同時に、僕の大切な人たち、仲間やスタッフさんや家族やファンのみなさんなどのことを大好きだし、愛している。そして愛している人たちのためにも、自分を愛せる自分でいたいと思う。
いつでも自分をちゃんと愛するために、僕が気を付けていることはそんなに多くない。この本の冒頭にも書いたことがすべてだ。
信じた道を一途に歩き続ける。
いつどんな時も裏表のない人間でいる。
そして誠実さを何よりも大切にする。
「将来どうなりたいか?」という問いに対して、最も正確に答えるならば、この三つをずっと守り続けている人になりたいということになる。

DIOR

PLEAS
DON'T
CLIMB

VEN

Costume

P1～P19

・READYMADE (READYMADE)

P20～P35

・KSUBI (NUBIAN HARAJUKU)

・Simply(Simply)

P36～P39

・FENDI (フェンディ ジャパン)

P41～P43、P92～P111

・Or Glory (Or Glory)

P44～P65

・GREG LAUREN (NUBIAN UENO)

・nonnative (vendor)

・HYSTERIC GLAMOUR (HYSTERIC GLAMOUR®)

P114～P123、P190～P205

・Punktum (マック)

・Garden of Eden(Eden Design Inc)

P124～P133、P162～P169、P217、P219

・DIOR (クリスチャン ディオール)

P154～P161、P184～P189

・YOHJI YAMAMOTO (ヨウジヤマモト プレスルーム)

P170～P177

・Or Glory (Or Glory)

・WACKO MARIA (PARADISE TOKYO)

P180～P183

・YSTRDY'S TMRRW (vendor)

・Bottega Veneta〈アイウエア〉(ケリング アイウエア ジャパン カスタマーサービス)

P218～P219

・ALEXANDER WANG (VENTURER TOKYO)

・TAKAHIROMIYASHITATheSoloist. (NUBIAN UENO)

Contact Information

READYMADE
非公開

NUBIAN HARAJUKU
〒150-0001
東京都渋谷区神宮前 1-20-2
03-6447-0207

Simply
〒152-0003
東京都目黒区碑文谷 5-9-8
03-6421-3025

フェンディ ジャパン
〒102-0093
東京都千代田区平河町 2-1-1
03-3514-6187

オアグローリー
〒150-0001
東京都渋谷区神宮前 2-24-4 里見ビル 1F
03-3423-9368

NUBIAN UENO
〒110-0005
東京都台東区上野 6-2-6
03-3834-0434

vendor
〒153-0042
東京都目黒区青葉台 1-23-14 1F
03-6452-3072

HYSTERIC GLAMOUR®
〒151-0051
東京都渋谷区千駄ヶ谷 3-12-6
03-3478-8471

マック
06-6252-3999

Eden Design Inc
〒154-0002
東京都世田谷区下馬 1-48-3 青木ハイツ 4F
03-3795-6626

クリスチャン ディオール
〒102-0093
東京都千代田区平河町 2-1-1
0120-02-1947

ヨウジヤマモト プレスルーム
03-5463-1500

PARADISE TOKYO
〒153-0043
東京都目黒区東山 2-3-2 1F
03-5708-5277

ケリング アイウエア ジャパン カスタマーサービス
〒104-0061
東京都中央区銀座 4-3-1 並木館 5F
0800-555-1001

VENTURER TOKYO
〒150-0001
東京都渋谷区神宮前 5-17-8 原宿XS 2F
03-6427-4987

PROFILE

川村壱馬 (THE RAMPAGE from EXILE TRIBE)

1997年1月7日生まれ(23歳)。大阪府出身。THE RAMPAGE from EXILE TRIBEのメンバー(ボーカル)。2014年4月、「VOCAL BATTLE AUDITION 4」に合格し、同年9月、同グループの正式メンバーに。2018年にドラマ『PRINCE OF LEGEND』で〝ヤンキー王子・弟〟こと京極竜役で俳優デビュー。同タイトルの映画版、その続編となる映画『貴族降臨 -PRINCE OF LEGEND-』にも出演。その後、映画『HiGH&LOW THE WORST』では、物語の主人公となる、皆を仕切る番長役の花岡楓士雄を演じた。

Artist	川村壱馬（THE RAMPAGE from EXILE TRIBE）
Photographer	HIRO KIMURA（W）
Writer	日野 淳
Book Design	鈴木利幸（united lounge tokyo） 廣田 順（united lounge tokyo） 勝野清穂（united lounge tokyo）
Stylist	中瀬拓外
Hair&Makeup	礒野亜加梨
Movie	Tomoya "Tany" Taniguchi
Location Coordinator	伊藤誌小里（Spark Pictures, Inc.） 佐々木勇司 金原拓也
Photographer Assistant	山口侑紀 松下 光
Stylist Assistant	松岡毬乃
Artist Management	篠田和真（LDH JAPAN） 青木佳介（LDH JAPAN） 繁田未奈子（LDH JAPAN）
Editor	舘野晴彦（幻冬舎） 三宅花奈（幻冬舎）

SINCERE

2020年6月20日　第1刷発行
2022年10月20日　第5刷発行

著　者　　川村壱馬（THE RAMPAGE from EXILE TRIBE）
発行人　　見城 徹
編集人　　舘野晴彦
編集者　　三宅花奈

発行所　　株式会社 幻冬舎
〒151-0051 東京都渋谷区千駄ヶ谷4-9-7

電　話　　03（5411）6211（編集）　03（5411）6222（営業）
公式HP：https://www.gentosha.co.jp/
印刷・製本所　図書印刷株式会社

検印廃止

Printed in Japan
ISBN978-4-344-03620-8 C0095

この本に関するご意見・ご感想は、下記アンケートフォームからお寄せください。
https://www.gentosha.co.jp/e/